Que en tu vida
siempre haya
+amor y
−tristeza

Mónica López

Reservados todos los derechos. No se permite la reproducción total o parcial de esta obra, ni su incorporación a un sistema informático, ni su transmisión en cualquier forma o por cualquier medio (electrónico, mecánico, fotocopia, grabación u otros) sin autorización previa y por escrito de los titulares del copyright. La infracción de dichos derechos puede constituir un delito contra la propiedad intelectual.

El contenido de esta obra es responsabilidad del autor y no refleja necesariamente las opiniones de la casa editora. Todos los textos e imágenes fueron proporcionados por el autor, quien es el único responsable por los derechos de los mismos.

Publicado por Ibukku
www.ibukku.com
Diseño y maquetación: Índigo Estudio Gráfico
Copyright © 2021 Mónica López
ISBN Paperback: 978-1-64086-922-6
ISBN eBook: 978-1-64086-923-3

Vivimos en un mundo que va deprisa, donde el crimen organizado esta a la orden del día, hay asaltos, robos, secuestros, pederastas, extorsiones de todo tipo, prostitución y drogas; donde no podemos confiar en nadie, ni siquiera en las personas que nos rodean porque en todas partes hay personas malas mezcladas con buenas y el mal cada día se apodera del mundo en el que vivimos.

Por todo lo que hacemos no tenemos tiempo de convivir con la familia, amistades, ni de hacer otras actividades y tampoco de realizar nuestros propios sueños por la presión económica que tenemos, porque debemos de trabajar para poder cubrir nuestros pagos, teniendo hasta dos trabajos en algunas ocasiones para que el dinero nos alcance, porque la vida cada vez es más cara y es difícil encontrar un buen trabajo y, sin tener una carrera que nos respalde, la situación es mas difícil y las oportunidades son escasas.

Las familias cada día se desintegran porque las parejas no se comprometen a cumplir con sus obligaciones. Las personas hoy en día no se casan, solo viven en unión libre por diferentes razones, algunos por no estar solos, otros por intereses económicos, por la presión de la familia o de la sociedad en que vivimos, que nos dice que debemos de tener una pareja y formar una familia, aunque no sea eso lo que realmente queremos y, solo para cumplir con lo establecido lo hacemos. Es por eso que los hijos crecen solos, sin la atención ni el cariño de sus padres, abandonados, desorientados, mal educados, sin valores y sin tener una carrera o un oficio para poder enfrentarse a la vida, teniendo una juventud corrompida, echada a perder, sin educación, groseros y flojos, que solo piensan en vivir la vida de una forma inadecuada. Viviendo solo el hoy sin pensar en el mañana, sin tener metas ni proyectos, sin forjarse un futuro, consumiendo drogas y otras sustancias dañinas y tóxicas para su organismo y su cuerpo, siendo irresponsables en todos los aspectos: En lo personal, en lo profesional y en lo laboral, queriendo vivir una vida extrema de lujos, aventuras y banalidades. Una vida superficial y efímera que algún día se acabará porque no es una vida real. Tratando de obtener el dinero fácil sin que les cueste trabajo ganarlo, obteniéndolo de forma incorrecta, de manera ilegal, defraudando a las empresas en las que trabajan o a las personas cercanas a ellos, inventando empresas o negocios que no existen para poder robarles el dinero y gastarlo en lo que ellos quieran, engañando a todo aquel que se le atraviese en el camino y dejándolos sin nada.

Que en tu vida siempre haya + amor y − tristeza

Otros formando parte del crimen y de la delincuencia organizada, metiéndose a un mundo que ellos desconocen y que ven fácil sin pensar en las consecuencias o complicaciones que puedan tener al asociarse con personas sin escrúpulos y malas, pagando un precio muy alto, encontrando algunos hasta la muerte.

Vivimos en un mundo donde no hay justicia ni democracia porque nuestros gobernantes y líderes de cualquier índole a nivel mundial no hacen bien su trabajo, solo utilizan sus contactos, influencias y relaciones para su propio beneficio, sin importarles los ciudadanos del país, olvidando la razón por la que ellos están en ese lugar: Para trabajar y servir a las ciudadanos creando nuevos empleos y dándoles oportunidades a las personas para evitar que haya delincuencia e inseguridad en el país y ayudarlos a que se desarrollen y se superen sin que nadie se quede estancado ni en el olvido, e invirtiendo en la infraestructura del país, supervisando a las empresas nacionales y verificando que funcionen bien y que no hayan desfalcos en ellas para que la economía sea próspera, haya fondos y se ayude a la clase social mas necesitada con los impuestos que paga la clase social alta, media, y todas las empresas del país. Ayudando a todos las niños a recibir la educación gratuita a la que todo niño tiene derecho para que puedan aprender a leer, escribir y hacer cuentas y se destierre el analfabetismo del país dando becas estudiantiles a quienes lo merezcan para que se preparen y se superen y en el futuro pueden ocupar puestos importantes en las empresas del país y el país se desarrolle con el talento y las conocimientos de su propia gente.

Porque es su trabajo lograr que el país prospere con el esfuerzo de todos y todos nos superemos sin que nadie se quede en el camino y creando fundaciones altruistas para ayudar a los más necesitados y desfavorecidos y asegurarse que la ayuda llegue a las manos de las personas que lo necesitan y la reciban sin que la ayuda se quede en el camino, en manos de personas que no la necesitan. Y que no lucren con ello para obtener un beneficio propio perjudicando a los más necesitados y desfavorecidos, porque ellos también son parte de la sociedad y se les debe de ayudar para que puedan sobrevivir. Que los gobernantes no hagan leyes que en algunas ocasiones solo benefician a su propia raza sin importarle las demás razas del país, ni minorías de ellas porque solo provocarán enfrentamientos entre las diferentes razas y la división del país incitándolos a que ellos ocasionen caos, desorden y haya enfrentamientos verbales y físicos entre las personas y odio racial entre todos, por los prejuicios raciales que habrá en el país; prejuicios raciales que no debería de haber en ningún país, pero que desafortunadamente hay en todo el mundo, y es un mal que nos destruye y no nos deja avanzar y se extiende por todas partes destruyendo relaciones de amistades, familiares, laborales y nacionales que son necesarias para todos los países y son las más difíciles de conciliar y es la razón por la que hay diferencias y enfrentamientos entre los países desatando las guerras y violándose los derechos humanos de las personas de cada país donde tanta gente inocente y sin culpa alguna muere por los desacuerdos que tienen los líderes políticos y donde todos salimos perdiendo.

Cerremos las grietas sociales que nos destruyen, reconciliémonos como sociedad para que haya buenas relaciones interraciales entre las personas, porque las guerras no son las formas correctas de solucionar los desacuerdos, conflictos o diferencias que hay entre los países. Se arreglan usando el diálogo, la diplomacia, el entendimiento y la razón.

Unidos en la conciliación, respetando los tratados y cumpliendo lo acordado sin perjudicar el uno al otro ni poniendo los intereses de uno por encima del otro; haciendo tratos justos que favorezcan a ambos países porque es una ayuda mutua y necesaria para el desarrollo de las naciones.

Recordemos que en la vida hay que sumarle y no restarle y siempre debemos de progresar sin tener problemas con nadie.

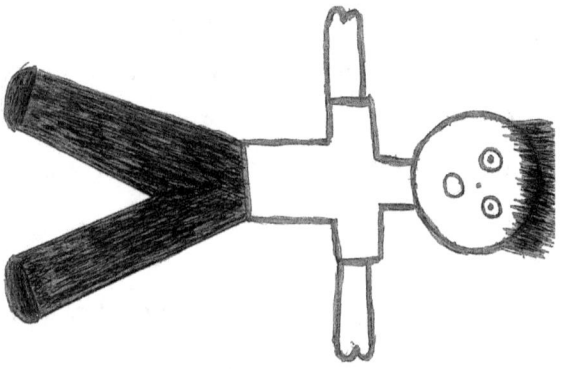

Vivimos en un mundo donde la mayoría de los líderes políticos solo quieren beneficiar económicamente y en todo lo que se pueda a las personas que tienen dinero, facilitándoles las cosas y dándoles todos los permisos que necesiten para que ellos puedan expandir sus negocios por todo el país, y les permiten hacer lo que ellos quieren aunque en algunos casos no sea lo correcto, porque los negocios que algunos de ellos quieren expandir son negocios ilícitos y dañinos para las personas, y afectan a todo el país, en especial a los más pobres, que siempre son los más perjudicados, pero eso a ellos no les importa, solo quieren quedar bien con las personas que les darán ingresos económicos y no son responsables del daño que esto causa a la población ni de las consecuencias que habrá en el país por haber permitido esta clase de negocios y actividades ilícitas que no deberían de apoyar. Deberían de oponerse a que haya en el país y encarcelar a las personas que hagan daño y lastimen a los demás, pero para ellos es más conveniente irse por un camino más fácil y que no les cueste trabajo ganarse el dinero sabiendo que lo conseguirán de forma deshonesta, siendo cómplices de los delincuentes que les pagarán con dinero sucio que utilizarán para beneficio de ellos y de sus familias. Familias a las que benefician dándoles cargos políticos que no pueden realizar por no tener la preparación adecuada para tener esos puestos donde solo hacen desastres y descomponen todo el trabajo que está bien hecho, y el trabajo que ellos hacen, lo hacen mal por no ser competentes para tener esos cargos políticos. No saben por dónde empezar ni hacia dónde ir, cometiendo muchos errores que después no se pueden corregir ni solucionar de ninguna forma, dejando el trabajo mal y afectando a personas que realmente tienen la preparación y la experiencia adecuada para hacer el trabajo bien y sin ningún error.

Que en tu vida siempre haya + amor y − tristeza

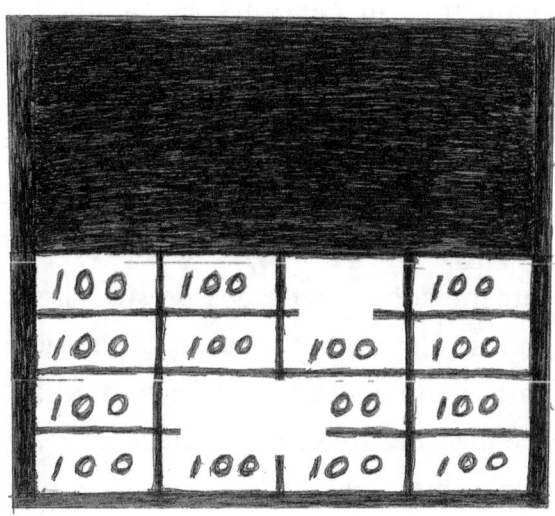

Desafortunadamente en la mayoría de los países hay mucha corrupción y favoritismo. Es por eso que no se avanza y solo hay un estancamiento en lo político, económico, educativo y en todas las demás áreas del país, retrocediendo al no caminar en una línea recta y caminando en un camino torcido.

Los pocos políticos incorruptos que llegan a alzar la voz para que las cosas se hagan transparentes y sin corrupción, son movidos o retirados de sus cargos; en los casos más severos, son silenciados para siempre, cuando lo único que ellos trataban era que todo se hiciera bien y que hubiera un cambio total en el país, para que a todos en igualdad se les dieran oportunidades de trabajo. A todas las personas sin discriminar ni favorecer a nadie y que cada uno ocupara el cargo que pudiera desempeñar y le correspondiera, pero son silenciados y nunca más volverán a hablar. De esta forma solo gobierna la corrupción en manos de las personas que están al mando del país, que solo hacen lo que ellos quieren y lo que les conviene sin importarles lo que pasa en el país dañándolo y destruyéndolo.

Un país que se tambalea y esta por caerse y ellos no hacen nada para evitarlo, cuando su labor es sostenerlo con conocimientos firmes, bases sólidas y seguras para que no se caiga y asumiendo bien sus cargos, haciéndose responsables de sus actos y acciones, gobernando con transparencia y sin corrupción, en un camino limpio para que el país evolucione y las personas tengan una mejor vida, un mejor futuro, en donde haya paz, armonía y prosperidad.

Eso solo se logra con la cooperación de todos, principalmente de los líderes políticos que son los que tienen el mando y el poder para que las cosas se hagan bien, pero desafortunadamente vivimos en un mundo donde los que tienen el poder no dejan que nadie suba a su nivel, y mucho menos que los igualen, porque no están dispuestos a perder el mando ni todo lo que ya tienen. La mayoría de los poderosos les ponen trabas a los demás para que no puedan superarse ni alcanzarlos y los dejan donde ellos están, y si es posible los destituyen de sus cargos y les dan cargos inferiores donde ellos no puedan subir a otro nivel, complicándoles la vida y su trabajo, controlando cada paso o movimiento que ellos hacen, porque la mayoría de los poderosos no utilizan el poder para hacer el bien y proporcionarles a los demás lo que ocupen, lo que necesiten para que puedan superarse y subir a otro nivel en su trabajo.

Estando al alcance de sus manos con solo dar una orden, ellos utilizan el poder para su beneficio, como un estilo de vida, siendo su diario vivir para que las puertas se les abran de par en par y puedan hacer lo que ellos quieran sin que nadie les diga nada, ni lo que tienen que hacer, y mucho menos que les pongan reglas, cuando son ellos los que deberían de abrirles las puertas a los demás y permitir que se superen con los conocimientos que tengan y tratar de ayudarlos para que puedan alcanzar sus metas y objetivos en sus trabajos, en lo profesional y en lo personal, sin complicarles la vida, ni poniéndoles impedimentos y ayudándolos a que su camino sea más fácil y rápido y no pierdan tiempo en batallar para que las puertas se les abran, porque las puertas deberían de estar abiertas siempre para todas las personas, cada vez que lo necesiten sin que nadie se las cierre.

Que en tu vida siempre haya + amor y − tristeza

Todos los gobernantes y líderes políticos mundiales deberían de gobernar limpiamente, sin abusar de su poder, siendo justos y correctos a la hora de tomar decisiones importantes para el país, sin perjudicar a nadie haciendo a un lado la ambición y la envidia que en muchas ocasiones son las que realmente gobiernan los países porque siempre quieren ser las primeros en todo y los únicos tratando de opacar a las demás naciones, queriendo tener ellos el control de todo por encima de los demás, y así no se gobierna un país. Se gobierna con justicia, diálogo, democracia, diplomacia y respeto. Ellos, al ser los representantes de un país, tienen que ser personas preparadas y educadas para poder liderar y deben de saber lidiar con todos los problemas que se les presenten, tomando las mejores decisiones sin tener roces ni conflictos con los líderes políticos de los demás países, tratando por medio del diálogo y la diplomacia de llegar a acuerdos para evitar problemas que después no se puedan solucionar y donde todos salgamos perdiendo, especialmente ellos que tienen que dar la cara a las situaciones difíciles y complicadas que se salen de control, costándoles después el doble de trabajo para poder llegar a una conciliación y para evitar las guerras que no favorecen a nadie y solo perjudican a todos. Que no se les olvide que el país no es de ellos. Ellos solo son los representantes de las naciones a las que pertenece cada uno, durante el tiempo que cada nación dispone. Su misión es hacer que el país prospere con los recursos que tengan a su disposición y tratar de obtener los mayores beneficios posibles para que el país se expanda a otros niveles y se supere con la cooperación y la ayuda de los demás países, sin que hayan enfrentamientos ni guerras.

Las guerras que no son necesarias y no debería de haber en el mundo, pero desafortunadamente hay, por los desacuerdos que tienen los representantes políticos de los diferentes países; porque vivimos así; porque es el mundo que hemos creado, un mundo tenue, oscuro, destruido, desorientado, desordenado, donde no hay moral, valores ni respeto por nada ni por nadie, y solo hay conflictos entre la humanidad, llevándonos a un retraso social, cultural, económico y en todos los demás ámbitos de la raza humana, desatando un sin fin de problemas para toda la humanidad, que tendremos que enfrentar sin poder solucionar y sin saber cómo vamos a terminar por la forma en que vivimos, por no tener un rumbo fijo y vivir a la deriva, desafiando al destino, viviendo solo el día de hoy sin pensar en el día de mañana, sin planear nuestro futuro, arriesgándonos todos los días para que las cosas salgan bien, por no tener un plan de vida, todo es oscuro, al no ver con claridad lo que debemos de hacer y lo que no debemos de hacer, para poder depurarnos y limpiarnos de todo lo que estemos haciendo mal, y nuestras vidas no se derrumben, y podamos progresar sin tener que retroceder, y tengamos que volver a empezar haciendo las cosas dos veces o mas por no tener una vida ordenada, sin problemas ni conflictos, encaminada para triunfar, llena de metas y de proyectos que podamos hacer realidad con nuestro esfuerzo y nuestro trabajo, siendo constantes y perseverantes para que un día no muy lejano nuestros proyectos y nuestras metas los hagamos realidad con la ayuda de los demás, uniendo fuerzas con los conocimientos, aportaciones y las ideas que sean necesarias para que se haga el trabajo de calidad que se ha probado en las empresas y beneficie a la humanidad, y para que haya un cambio que es necesario en toda la humanidad.

Regresemos a nuestras raíces, a nuestros principios y nuestros valores, respetémonos los unos a los otros, respetemos a todas las naciones, clases sociales y diferentes géneros. Hagamos un mundo distinto al que tenemos con bases firmes y de valores, ayudémonos los unos a los otros sin abusar nadie de nadie; unidos todos y cooperando, dándole la mano al que lo necesita sin esperar a cambio un pago, ayudando a los que vienen caminando detrás de uno sin ser egoístas ni ambiciosos, no queriendo todo para uno mismo. Ayudemos a los que luchan por progresar sin quitarles las oportunidades que ellos merecen, porque han trabajado sin descansar y se han preparado para lograrlo, no los quitemos del camino, no olvidemos de dónde venimos. Digamos no a la injusticia, a lo indebido, seamos ecuánimes con las personas cuando tengamos que tomar decisiones que incluyan a los demás, pensemos en lo que es justo para todos sin perjudicar ni dañar a nadie, sin violentarnos con los demás, sin ser vengativos a la hora de actuar.

Cuidemos siempre nuestras palabras y nuestras acciones. Hablan por uno mismo y afectan a las personas, causan fricciones, malos entendidos y desacuerdos con los demás. No hagamos cosas que no son buenas para nosotros ni para los demás, no provoquemos problemas y vivamos en paz. Cerremos un ciclo de problemas para que haya puentes que unen y no dividan a la humanidad. Seamos prudentes, cordiales, tolerantes en todo momento con los demás para que siempre haya orden, armonía y paz.

No envidiamos lo que no tenemos, trabajemos para conseguirlo, y si no lo conseguimos, seamos felices con lo que tenemos.

Cerremos la brecha que nos destruye, hagamos lo propio cada uno de nosotros.

Caminemos en un sendero de luz hacia la justicia y la democracia para que en nuestras vidas siempre haya mas amor y menos tristeza.

www.ingramcontent.com/pod-product-compliance
Lightning Source LLC
LaVergne TN
LVHW021746060526
838200LV00052B/3494